Claudia Pecoraro

Scorre il flusso di pensieri

◆

POESIE

EDIZIONI WE

Foto di copertina dell'Autrice

ISBN 979-12-80240-84-2

©2021 Edizioni WE di Nicola Bergamaschi
Via Paulli 10/A – 26015 – Soresina (CR)

www.clickpertutti.com
www.edizioniwe.com
www.facebook.com/edizioniwe
www.instagram.com/edizioniwe
info@edizioniwe.com

Scorre il flusso di pensieri

A mio Nipote

1. PRELUDIO

Scorre il flusso di pensieri

Scorre il flusso di pensieri
inarrestabile, incontrollato, irreversibile.
L'ispirazione, cos'è?

L'ho trovata sulla pelle di un amante:
bianca, liscia, profumata.
Causa e rimedio,
dolce e amara medicina.

Mi ha colpito nelle cupe notti d'inverno
fredde, buie, interminabili:
monito e condanna,
messe lì a ricordarmi dell'ineffabile.

L'ho cercata tra le pagine di un libro
di cui ho usufruito,
ma che
vigliaccamente
non ho mai consumato.

Mi ha svegliato all'improvviso,
ha preso in ostaggio i miei pensieri:
ore infinite in attesa dell'alba.

Inseguite l'ispirazione!
E se mai sarete così fortunati
da trovarla,
spalancate le braccia
come con un vecchio amico,
e ringraziate.

Celebrate la vita!

Perché esserne pervasi
è un guizzo,
è un regalo,
è un attimo di connessione con l'eterno.

SI FISSANO MEGLIO I VERSI IN MEMORIA

"Cosa ti spinge a rimare?
Scrivi forse per la gloria?
O vuoi forse soddisfare
il bisogno del tuo ego
d'avere un posto nella storia?"

"Infine, cosa importa?
È un modo, come tanti, per urlare:
la mia frustrazione –
per la realtà contorta,
per il mondo che non va –
la mia disillusione.

Ho le mani legate,
sono impotente.
Il mondo non cambia in un istante.

Ho solo le mie rime.

E non per vezzo o per capriccio,
né per un gesto un po' posticcio.
Ma perché un mattino, come accidente,
ho avuto chiara la visione,
parole mi sono apparse nella mente:

Si fissano meglio
i versi in memoria
che la prolissa prosa.
Tienilo a mente
quando racconterai la tua storia."

2. Creazione e connessione

FORZA CREATRICE

Scalpita, incalza, una forza
dentro di me: è un'emozione
dai tratti indistinti, senza alcun nome.

Tutto il mio corpo si muove, nervoso:
l'emozione lo scuote, lo spinge, lo spiazza.
È linfa vitale che alimenta il mio fuoco,
mi guida per terre d'incredibile ampiezza
ove creo e compongo, decisa modello
terra vergine per conferirle esistenza,
vita a sé stante che con impazienza
mi trascende, s'espande alla gente.

Stanca, sfatta, d'ardore distrutta –
una scossa vibrante di pura energia.
Senza di essa non sono, non so.
È questa la vita, incessante follia.

NON SI SCRIVE A COMANDO

Non si scrive a comando;
non puoi dire all'anima quando brillare,
alla rondine dove migrare,
né puoi stabilire
il ritmo pulsante del cuore.

Impossibile imporre il tuo tempo
al tempo infinito dell'eternità.

Non puoi imbrigliare
il lampo selvaggio della creazione,
così come non ti è dato fermare
il fiume che scorre, il sole che arde.

Sono un creatore,
non mercenario delle parole.
Raccolgo alla fonte
parole intrise d'amore.

IL BIMBO INTERIORE

Il bimbo interiore
è dolce, giocoso,
e attento sa stare
sintonizzato col mondo al suo intorno.
Lo scuote la rabbia
e non sa più parlare
se invece si agita il mondo al suo interno.

Spazio aperto
vasto, folle di vita:
è il suo genio creativo
in massima ampiezza.
Ma se lo si giudica,
se lo si addita,
mesto e abbattuto
perde certezza.

Nutri il tuo bimbo,
dagli pieno conforto:
instaura con lui un dolce contatto.
È dentro di te, e cerca soltanto
approvazione:
vuol che tu gli stia accanto.

La strada di casa

Se provi a guardarmi negli occhi,
ti prego fallo bene.

Non fissarmi,
tu guarda.

È un attimo –
fugace,
inafferrabile,
perituro –
ma pur sempre un attimo.
Tangibile prova della nostra unione.

Se lo sguardo non cede
e affiorano lacrime –
di gioia
commozione
o di sorpresa –
ti prego non fermarle.

È segno che hai trovato
la strada di casa.

IN CORO

Le nostre frequenze
giocano
si rincorrono
si accavallano.

Vibrando all'unisono –
in coro –
si conoscono
si sintonizzano
si fondono:
non più molteplici,
diventano Uno.

Dove vanno a finire le note

C'è del silenzio in una melodia,
te ne accorgi quando distratta
abbassa la guardia e si svela,
l'avverti in una pausa fugace
tra un allegro e un vivace.

E ti domandi dove vanno a finire
le note, quando il suono scompare.
Esisterà forse un posto
dove si fermano a riposare
prima di un altro ballo insieme,
prima di emozionare?

AMORE

M'abbandono
a un segreto diletto
custodito
nel guscio del tuo petto.

Non ho scelta:
con veemenza,
m'intreccio
a te e alla tua essenza.

3. Nel flusso della vita

IDENTITÀ

Son le parole, i discorsi profondi,
le vivide immagini, i sogni splendenti.
Ebbra ed amorfa, li ho consumati
in notti d'estate dai tratti dorati.

Sono la musica e la melodia,
forte e stabile punto fermo
nelle fredde serate d'inverno,
quando cedevo alla malinconia.

Son le parole che ho pronunciato
con dolci sussurri o respiro mozzato.
Quelle che ho scritto, quelle che detto,
quelle che in gola poi ho trattenuto.

Sono i cammini nella natura,
e la lentezza e l'alienazione
dei pomeriggi di primavera
spesi a rincorrere un'evasione.

Sono la luce tenue ed incerta
che si posa sui fiori di campo.
La natura sembra sia morta:
ferma, insondabile, senza tempo.

Sono la bocca, sono le mani
di tutti gli amanti, di ieri e domani.
Uniti, intrecciati per un istante
a celebrar la beltà del presente.

Sono i posti che ho visitato
e tutti luoghi dove ho vissuto.
Le persone con cui ho interagito
e le carezze che ho regalato.

Sono tutto e sono niente,
sono io ma son tutta la gente,
sono il tempo di un respiro,
ed è l'Eterno quello a cui aspiro.

DUE ANNI

Due anni:
per te, è sempre mattino.
È giorno continuo,
non hai tempo né età,
sei pura espressione
di vita gioiosa,
giocosa,
pura beltà.

In te, esplosioni di gioia –
non ti contieni
quando senti la palla
cadere a terra in frastuoni.
Contenta, rimbalza,
e tu contento rincorri.

E mi ricordi ogni volta,
che la vita è un piacere
e non una lotta,
che ogni cosa, angolo, o posto
racchiude un cantuccio nascosto
da scoprire: un tesoro,
da coccolare e custodire.

Che ognuno all'interno
dell'anima ha un fuoco.
E che l'esistenza è un bellissimo gioco.

VACUITÀ

Non ho rimedio alla vacuità
se non lasciar una traccia concreta,
orma indelebile sul selciato del mondo.
Scavare nell'anima, nel profondo,
fiera infiammarmi d'eternità.

Siamo fugaci:
d'improvviso esplodiamo
ed affamati divoriamo il presente.
Vaghiamo frenetici,
tocchiamo con mano
ogni espressione di vita cosciente.

Rincorriamo ambiti traguardi
oltre la linea del tempo scandito
da fitti rintocchi costanti
che ci riportano al limite umano.
Ci accartocciamo così su noi stessi
ed un mesto timore s'insinua:
brilliamo, è un attimo, poi ci spegniamo.

EBBREZZA

Cos'è quest'ebbrezza
che mi spoglia d'ogni paura?
Ho chiesto vino per fermar l'arsura
e forse, in fondo, per trovar la bellezza.
Ma dov'è la bellezza
in questa notte di primavera?

È nel prossimo bicchiere:
non voglio che finisca,
scavo a fondo alla ricerca
di una qualche verità.

Mi dicevan che da ubriachi
non si mette bene a fuoco
e che il mondo attorno gira.

Si sbagliavano, che sciocchi!
Tutto è nitido qui intorno:
tutt'un tratto, vedo meglio!
Ed il mondo gira, sì,
ma nella giusta direzione.

Ho perso la connessione

Oggi s'è rotto
il mio cellulare:
ho perso la connessione –
che improvvisa liberazione!

Per la prima volta da anni ho vissuto,
ho visto la luna.

4. Ricordi

LA MEMORIA DI QUEL GIORNO

Spesso il pensiero rapido evade
andando con dolcezza a quel giorno
ma un'amara certezza m'invade:
non ha avuto, né avrà, mai ritorno!

Erano tempi di sole e d'infinita beltà:
non sentivo dolore, ma s'avvertiva
labile, dolce sentore d'eternità.
Nemmeno la morte m'intimoriva.

Fissavo gli attimi a sprazzi,
acciuffavo l'impermanente.
Miseri umani, non siamo avvezzi
a gioire del tempo presente!

Non resta che il ricordo; s'è spenta
quell'emozione dall'intenso calore.
E io m'arrendo: livida e affranta
m'abbandono alla disillusione.

POMERIGGI D'ESTATE

Quei pomeriggi d'estate
ad un occhio esperto
potrebbero sembrare
solo pomeriggi.

Ma non per noi,
protagonisti di un gioco
dal sapore d'eterno.
Il gioco della vita.

La mano

Ricordo la mano di mia madre
sciogliere i nodi dalla mia chioma,
altrimenti arruffata.

Guidarmi,
tra una moltitudine di volti
a me sconosciuti.

La stessa mano,
amorevolmente,
mescolava il brodo,
riponeva le pentole.

È incredibile tutto ciò che faceva
la mano di mia madre.

ESTATE

Un ricordo mi trafigge:
sull'arena in riva al mare,
una dolce bimba bionda
il cui nome ora mi sfugge.

Estasiata la guardavo,
e pensavo: "Io la amo!"
Ma d'amore di bambini,
quello onesto, disarmante,
per ogni essere vivente.

Com'era alto quel castello
e la torre, che imponente!
Ma una strana nostalgia
offuscava quei momenti:
"Un'amica, quest'estate
a placare i miei tormenti.
Eppur'oggi io lo so
che finita quest'estate,
mai, mai più la rivedrò."

E avvertivo l'ironia
delle onde impertinenti.
Il castello non c'è più:
insieme all'acqua, è andato via.

LA MIA PRIMA COMUNIONE

Mi ricordo chiaramente
la mia prima comunione
e una strana sensazione
di non essere adeguata
all'entrata nella vita
alla bianca epifania.

In chiesa i volti soddisfatti
della gente intorno a me,
io pensavo frasi strane:
cosa vogliono quei matti,
non lo sanno che ho peccato,
cosa pensano di me?

E il segreto del peccato
lo tenevo dentro me
(*sono stata così sciocca!*)
non osavo aprire bocca .
(*Ci sarà forse un errore?*
Verran forse a revocare
la mia prima comunione?)

E poi pranzo al ristorante,
i confetti ed i parenti,
ed i loro complimenti.
Ma di cosa, poi, vantarmi?
(*Non ho fatto niente, oggi,*
eppur loro son contenti,
eppur guarda quanti dolci!)

Fu quella la mia entrata,
bianca candida e pulita,
nella bella società.
E già allora mi sembrava
che ci fosse una magagna,
che m'avessero fregata.

E la sera tolti i panni
della prima comunione
finalmente potei andare
a far quello che mi piace,
a giocare giù, a pallone.

LE ROSE

Se mi vuoi bene non portarmi una rosa,
non la gradisco.

Non mi fraintendere, t'amo.
Ma non amo le rose.

Mi ricordano il rovo spinato
che un dì frenò la mia corsa.
Ero in bici, il cortile gremito,
ma nessuno veniva in soccorso,
nonostante io gridassi "aiuto!"

Se per tutti la rosa è candore
io, al contrario, le odio:
mi trasmettono solo dolore,
san di fredda indifferenza.

E quel cespuglio beffardo,
oggi ancora fa male:
prigioniera tra le spine
aguzze, appuntite,
non smetto di sanguinare.

Pensaci prima di un dono,
credendo di fare del bene
potresti invece ferire.
Non a tutti piaccion le rose,
non tutto il bello è universale.

LA FOTO DI GRUPPO

Giugno: s'accalcavano impazienti
scalpitando, gli studenti.

Tre file in tre gradini –
e si fissavano indelebili
sul nero di un rullino
i loro pianti e i loro sogni.

Ma quanto si muove,
in una foto così a fuoco!

Sembran vivi quei fanciulli,
sono fermi ma tu avverti
che continuano a posare,
che non possono sbiadire.

In treno

"Prendete posto,
c'è lo spettacolo del mondo!"

Scambi fugaci di sguardi eloquenti,
valigie ammassate in seconda classe,
e storie intrecciate:
estremi diversi con lo stesso principio.

Solo su un treno
la costa del Sud
mangiata dal mare
e i muretti ingialliti
infuocati dal sole
sono così vicini
senza riuscirli a toccare.

FINCHÉ LA VISTA S'ABITUÒ

Un intenso verde chiaro:
il colore, raggiante,
del mio primo viaggio.
Prati aperti sgombravano la mente
da ogni grigio pensiero
mentre io incredula ripetevo,
"ho visto il mondo, oggi, per davvero!"

Com'era fitto quel prato
e limpido il cielo,
com'era tutto il mondo più vero!

Il secondo mio viaggio si presentò
un po' più sbiadito ai miei occhi,
finché la vista s'abituò
a tutti quei diversi scorci.

Così poi tutto il mondo
diventò dello stesso colore,
la novità fu solo un ricordo.

Ritornai al primo prato delusa:
emanava uno strano pallore.

MI PARLAVI DI VITA*

Mi parlavi di vita,
di liete speranze
con tiepida voce.
Con tocco leggero,
schiudevi il mio animo
ad un roseo futuro.

Sussurri di seta:
eterea, a quel tempo, la vita.

Un balcone d'inverno,
anonimo centro del mondo
custodiva l'anelito,
le nostre speranze.

Io e te in bicicletta,
melodie ancestrali,
un tramonto moderno.
Parole impegnate,
sguardi d'intesa,
nessuna difesa.

Esplodevo di gioia,
mi parlavi di vita.

* A Lorenzo, che è andato via troppo presto.

I GIORNI ANONIMI

I giorni anonimi, li riconosci:
cominciano pulendo.
Con dedizione,
ispezionando ogni anfratto di casa.
Trascorrono così:
sistemando vecchie carte
e pesando le albicocche al mercato del quartiere.

E facendo tutto quello
che s'era rimandato.
Rimandando ancora,
ammassando nuovi impegni.

Ogni giorno anonimo è diverso
ma tutti sembran decisivi –
scrivere quel libro,
prendere e partire –
e si concludono in sofà
mangiando pizza surgelata
e bevendo birra
(neppur così fredda).

QUESTO MI DISSE QUEL FIORE

Un pomeriggio di maggio,
m'imbattei in un fiore
che illuminava il paesaggio.

Era come un omino:
il ciuffo biondo dei petali,
due braccia per stelo,
svettava imponente,
dominava il sentiero.

Sono impotente,
piccola e inerme contro quel fiore.
Mi guarda dall'alto e mi dice
che siam tutti uguali nel mondo:
"Siamo un tutt'uno: tu, io,
e le formiche che ti girano attorno."

Caro mio fiore, quanta ragione!
Che prepotenza che c'è negli umani!
La nostra grandezza è solo illusione.

È così, sebben non ci piaccia:
se arriva un piede più grosso
quello, in un niente, ci schiaccia.

"Non t'illudere, piccolo umano.
Solo perché sei più grande di me
non vali di più, non sei superiore."

Questo mi disse, quel giorno, quel fiore.

OGGI HO VISTO IL TUO VOLTO

Oggi ho visto il tuo volto
nei fondi amari del caffè:
mai una prima colazione
mi è sembrata così dolce.

SE AVESSI UN FIORE PER OGNI MIO AMANTE

Se avessi un fiore per ogni mio amante
o una pianta da innaffiare
avrei un giardino colorato
di peonie e di lillà
e la casa straripante di vita.

Ebbi dei fiori, in precedenza
ma non me ne accorsi se non dopo anni.
Trascurati, lasciati appassire.
Ora, se avessi un fiore per ogni mio amante!

IL MIO GIARDINO DI PLASTICA

Desideravo vedere un tramonto –
oh, la spiaggia, distesa di sabbia!

Ma m'accontento:
qualche formica operaia
e l'erba sintetica
del mio giardino di plastica.

E tiro le redini
alla mia vita imbrigliata.

Guardavo il cielo –
ristrette vedute –
con in mente la lista
delle occasioni perdute
tra pagine imbibite
di sogni improbabili.

Ma poi una visione
m'ha consolato:
un filo d'erba,
dal vento agitato.
E mi sono convinta:
c'è dell'infinito
anche nell'erba di prato.

SENILITÀ

Le mani possenti a cui m'aggrappavo,
bastione sicuro contro gli affanni del mondo,
si stringono ora, ma con tocco leggero,
son io che le porto, io vi difendo.

La schiena si curva, si prostra all'età
il respiro tronco, a tratti mozzato.
Quanto dolore nella senilità:
beltà, giovinezza, tutto è passato.

E tutti i miei drammi, i miei traumi d'allora
lasciano spazio a premura e dolore.
L'una l'accolgo, la cerco, mi è cara
l'altro rifuggo con mesto timore.

Il petto si chiude, non so più parlare,
i segni del tempo a troncar la speranza
d'eterna beltà; mi ritrovo a cantare
la fugacità di quest'esistenza.

FANTASMI

T'ho sognato.
Insieme su un viale
verde e alberato, e andavamo –
senza meta, noncuranti dei fiori,
sprezzanti del mondo al di fuori,
ebbri di gioia.
Mi trafiggevi ad ogni mio passo.

Al risveglio, la cruda realtà;
mutata è la pelle,
non ha segni di te,
e spargo invano il mio odore.
Siamo distanti.

Mi anticipavi,
ma non ora.
Ora, vivi in me come ricordo
cristallizzato, eterno, riposto
nella memoria.
Immutabile.

Mi consola di notte,
zittisce i fantasmi:
tra essi, è il più dolce e il più grande.

Appare quand'è troppo
il bisogno di soffrire
e muto mi avvolge,
suadente mi scalda;
per magia tutto passa.

Eppure hai senso solo così,
non reggevo il fardello
di guardarti ogni giorno negli occhi,
vivere in te,
come sotto incantesimo.
Eri troppo per me,
e adesso sei il mio fantasma più bello.

Dove sei? Il tuo ricordo è distante

Dove sei? Il tuo ricordo è distante.
Tu, che per primo m'hai accolto
con dolcezza, tra le tue braccia
guidando la mia mano esitante.
M'hai offerto il tuo grembo,
portato conforto. Tutto è sbiadito:
a malapena ricordo il tuo volto.

Vivevamo il mondo
come se fosse un gioco:
non più ostile ed armato –
arido deserto desolato –
ma accogliente e fecondo.
Stavamo. Come in casa,
al caldo di un fuoco.

La mia voce invoca soccorso:
risuona invano il suo eco.
Il mio grido è atono e stanco,
e nessuno al mio fianco
a mostrarmi il percorso –
ormai un vicolo cieco.

5. Crisi

SEPARAZIONE

Dolce malinconia
se accompagna l'amore!
Scorre incessante il dolore,
mi procura un perverso piacere.

Glorioso il pianto
se si piange per gloria!
E cos'è se non gloria
ciò che mi brucia nel petto?
Prati, cieli, foreste innevate:
drizzate le orecchie,
e voi, cari uccelli, ascoltate.
Fate spazio al mio grido!
Che viaggi col vento,
accarezzi le foglie,
che sovrasti le vette
del bosco alberato.

Il dolore rimbomba,
e nel mondo mi fondo:
in questa natura
maestosa, materna.
M'affido al suo ventre.
Sola, sul prato fecondo
adagio il mio corpo
che non ha senso ormai d'essere.

E la quiete qui attorno
beffarda e ingannevole
è tutt'altro che cheta.

Soffriamo all'unisono
della stessa ferita.
Scoprire un segreto
che non ci è dato sapere,
e un duro prezzo pagare:
finito l'incanto,
tornare a sé stessi,
al regno animale.

BRANDELLI

Non ho parole.
Mi capita quando
lascio una cosa a metà
e non mi concentro sull'*ora*
ma sul *poi.*

E poi.
E poi, arriverà.
Arriverà domani, passerà la notte,
verranno tempi migliori.

Ma intanto il mondo è vivo.
Io non sono il centro del mondo,
il centro del mondo è dentro di me.

Tanto piccolo,
ma così grande da sentirlo pulsare:
il mio cuore.
Sento il battito del cuore.

Tu avevi la parte migliore di me
e l'hai masticata, lacerata, deglutita.
Distrutta.

Ora, la parte migliore di me non c'è più.
C'è solo un ammasso di carne.
Brandelli di me
che tentano di risalire la china.

DEL PERDUTO EQUILIBRIO

Uniti barcolliamo,
distanti siamo in bilico:
non riusciamo a trovare
il nostro equilibrio.

AGITA IL VENTO

E questo vento, cosa pretende?
Rimescola il mondo, sbuffa arrogante,
sposta le nuvole, scuote le chiome
di giovani alberi pronti a fiorire.
E non è tutto, s'arroga il diritto
di dire al sole quando sparire.

Lieta sarei se fosse soltanto
il mondo esteriore smosso dal vento.
Ma l'aria penetra l'animo inerte
scuote i pensieri, un freddo di morte
invade le membra – sembra sia inverno!

Calmatosi il vento niente è com'era –
tanto fragile è il mondo da disfarsi così?
Le mie vacue speranze e le buone intenzioni –
tutto svanisce in un'altra bufera.

Così lontana da me

Mai come ora mi sono sentita
così lontana da me.

Questa mano che spinge, che scrive,
non m'appartiene.

Ed i miei sogni,
lontani,
non sono miei.

M'è estraneo il mondo, è nemico:
persino gli uccelli sembran cantare
versi di scherno,
persino le piante trasudan dolore.

Un solo pensiero mi guida,
un faro nel buio del cuore:
tornare a casa, sedere,
stringere al petto
chi mi ha saputo dare calore,
lasciarmi alle spalle il rumore del mondo.

VORREI ESSERE IL MARE

Vorrei essere il mare.
Nel mio ventre azzurro ospitare
vita vibrante, selvaggia e animale.

Viaggiar come il mare
Come le onde, soavi fluire
e ritirarmi quando cessa la spinta.

Fare da casa al sole
quando, la sera
timidamente scompare.
All'orizzonte lo vedi:
nel mio grembo s'appresta a tornare.

Vorrei essere il mare
e quando è ora di riposare
sulla sabbia sereno approdare.

Accoglier la pioggia, nutrire la terra,
placare le fiamme, danzare col vento:
vorrei essere il mare.

SIAMO INERTI

Niente.
Tutto.

Fatti di niente
aspririamo al tutto.

La nostra esistenza sospesa
aggrappata all'effimero.

Tutto ci difetta.
Niente ci appartiene.

Tutto ci circonda.
Niente ci penetra.

Siamo inerti
di fronte all'inesplicabile.

La chiave sbagliata

Ho mani di fuoco
ma tutto è acqua attorno a me:
l'inutilità
d'avere una chiave sbagliata
quando la porta è quella giusta.

6. Speranza

C'È LUCE NELLE TEMPESTE

C'è luce nelle tempeste;
se scavi a fondo, timida appare:
felicità nel giorno più triste.

Quand'ogni speranza scompare
resta il guscio vuoto del nulla
e t'avvolge, freddo polare.

Nel nero dell'anima brulla
fioco, s'accende un lumino:
di pallida luce esso brilla.

Riscalda come un fuochino,
il dolore in coraggio tramuta,
e zittisce tutto il baccano.

Una gioia, prima sparuta
rischiara il petto distrutto,
poi cresce e si espande cocciuta.

Onora il momento più brutto:
il cambiamento avviene soltanto
se sei pronto a perdere tutto.

Oh, la vita, ironico incanto!

M'INVADE UN CALORE DI SPERANZA

M'invade un calore di speranza.
Benedetta, riaccende il mio petto;
gonfio di gioia e d'intenso diletto
lo scuote un'incontenibile danza.

Ho mani calde come carbone
e la mia linfa rapida scorre:
rapidamente, il corpo percorre
a portarvi energia e guarigione.

Si dileguano senza rumore
le nubi grigie, il dolore e i tormenti.
Non poteva andare altrimenti:
spazzate via dalla luce del sole.

Danza, mio corpo, danza beato!
Festeggia la gioia di quest'esistenza!
Sii in uno stato di flusso e presenza,
fermati solo a riprendere fiato.

NON C'È SPAZIO PER L'IRA

Non c'è spazio per l'ira,
insidiosa,
austera signora.

Non ha più potere:
leggera,
è libera d'andare
silenziosa, senza intaccare
la naturale tendenza che ha
l'anima anelante tranquillità.

Non fa bene arrabbiarsi,
non mi conviene.
D'altronde la rabbia
è un sentimento che non mi appartiene.

Apro le braccia in diletto,
scaldo il mio petto:
sentire l'amore –
magico incanto –
lasciarlo fluire.
Vestirmi soltanto
di gioia e premura:
non c'è spazio per l'ira.

SVANISCE LA SOLITUDINE

Svanisce la solitudine:
come tela di seta,
si apre il sipario
della mia vita.

SCHIUDI IL TUO GUSCIO

Dammi la mano:
stringila pure,
mentre risali.

Schiudi il tuo guscio,
è tempo d'aprirsi
al mondo e al suo turbinio.

Lasciati andare,
danza con me.
Non riderò dei tuoi passi maldestri.

Siam tutti goffi,
tutti inciampiamo
una o più volte nel ballo.

Non ci piace mostrarci
vulnerabili agli altri.
Se non vuoi cadere,
ti devi fidare,
aprirti al mondo al tuo esterno.

Schiudi il tuo guscio,
la tua corazza.
Abbassa la guardia.

IL MONDO CHE HAI DIPINTO

Il tangibile silenzio
d'un rosso tramonto
sembra volermi parlare.

L'aria fresca stimola l'olfatto
difatti sopito, anestetizzato.
Si risveglia al profumo dei fiori
la furiosa gioia dell'esistenza.

Al ritmo della brezza,
si calma la mente vorticosa.
I pensieri si accalcano incessanti
seppur clementi rallentando.

Ascolta,
sembrano dire.

T'immagino, al di là del sole:
ti prepari a vestire il mondo.
Turchese come il cielo al suo risveglio
rosa come nuvole gonfie, grosse
quando i raggi le attraversano
dolcemente.

L'incessante flusso della vita
mi attraversa finalmente.
È questo il mondo che hai dipinto?

LA STRADA

Vai, viandante, per la strada sterrata.
Vai e non voltarti, lungo il sentiero
la cui direzione e lunghezza t'è ignota.
Vai, non fermarti, non esitare!

Quando tutto dall'alto sembra gridare
"smettila qui, non è questo il tuo posto"
non farci caso, ma accelera il passo.
Tu non deviare, continua indefesso.

Lungo la strada ti si può rivelare
una verità cui da tempo anelavi.
È il movimento che svela la trama;
la staticità la blocca, la frena.

Vai, viandante, fatti guidare da una forza
che a malapena riesci a chiamare.
Sai che cos'è, ma non la puoi definire:
è lei che ti spinge, come vento a favore.

Spalanca le braccia e lascia che sia
la tua guida nei giorni infiniti –
giorni d'attesa, di pianti e sconforto
giorni di sforzi, di sogni spezzati.

Non è finita la strada, mio amico,
né finirà se non lo vorrai.
Sei tu che la crei, tu la modelli,
tu che decidi dov'è che andrai.

Cammina, continua, così capirai
sei tu a comporre la strada che vuoi.
Crei ogni bivio, ne erigi ogni masso,
la costruisci ad ogni tuo passo.

Quando alla fine ti volterai
non riuscirai a vederne il principio.
Eppure ricordi ogni pietra, ogni cosa:
dai fili d'erba agli sguardi incrociati.

Siediti e trai un respiro profondo:
finito il cammino, ti puoi riposare.
Rimpianti non hai, tu fino in fondo
hai scelto sempre di continuare.

Sii fiero di quanto percorso –
un chilometro, un metro, un passo esitante.
È il tuo cammino: amalo, e sappi
che hai terminato qualcosa di grande!

7. Conclusione

E VEDRÒ IL MONDO PER QUELLO CHE È

E poi un giorno tutte le cose
si spoglieranno della loro corazza;
m'appariranno per come sono –
vacue e intangibili, inconsistenti.
Il solo pensiero, ammetto, mi spiazza.

E vedrò il mondo per quello che è:
nudo come bambino indifeso,
che si protegge goffo e maldestro
con ciuffi d'erba a mo' di mantello,
mentre con fare quasi sinistro
si disfa la vita ed ogni suo orpello.

E vedrò il mondo per quello che è:
non più costrutto dell'immaginazione
bensì groviglio di impulsi e di onde;
terminerà questa bella illusione.

UN GIORNO

Un giorno, quando questo finirà
non potrai più godere del rosso
d'un crepuscolo infuocato.
Ma gioisci! Sarai tu a comporre
ogni piccola particella di luce.

Un giorno, quando il corpo perirà
non potrai più accarezzare i figli.
Sentirne la mano, da incerta farsi salda.
Ma sii grato! Sei tu che vivi,
attraverso i tuoi figli.

Un giorno lontano non potrai
ricordare il sapore del pane
caldo, croccante, fresco di forno.
Ma sii lieto nel sapere
che sarai tu a nutrire la terra.

Un giorno quasi tutto svanirà:
ti sarà ignoto l'odore dei fiori
quando si schiudono a primavera.
Ma esulta: parte di te sarà gelso,
vivrà nel cuore di un innamorato.

Un giorno, quando tutto cesserà,
non potrai più ascoltare
il rumore battente della pioggia.
Ma gioisci perché
sarai tu la pioggia!

POSSA IL TUO SPIRITO

Possa il tuo spirito librandosi in volo
giunger lontano, al di là delle nuvole.
Planare oltre i monti, le valli guardare,
stare al di sopra del bene e del male.
I pianti, i dolori, l'inciampo e l'angoscia:
tutti i fardelli spero che regga.
Sii coraggioso, temerario e fedele:
chiediti sempre se ascolti il tuo cuore,
sostieni con forza ogni sfida e dolore.
Possa il tuo spirito seguire l'amore!

RINGRAZIAMENTI

Mi risulta difficile dare un nome, o anche una spiegazione, al flusso creativo che mi ha spinta a scrivere questi versi, frutto di un viaggio introspettivo durato mesi. Quest'opera è nata anche grazie all'aiuto e al supporto di alcune persone in particolare.

Dunque, ringrazio Daniele, che ha intuito il mio potenziale artistico e mi ha regalato quel libro di poesie che mi ha poi spinta a ricominciare a scrivere dopo anni.

Un grazie immenso anche a Kristina, per il suo supporto incondizionato e per avermi incoraggiata a credere in me anche nei momenti più bui.

Inoltre, ringrazio mia madre, mio padre, e mia sorella: per il loro affetto, il supporto, e per aver letto le mie poesie dandomi un parere disinteressato.

Dedico quest'opera a L., per aver ispirato la poesia "Due anni." Se mi impegno ogni giorno per creare un mondo migliore è anche per vederti gioioso come sei adesso.

Infine, un pensiero va a tutte le persone che ho incontrato e che, nel bene e nel male, hanno contribuito a plasmare la mia identità: se ho scritto questi versi è anche (o soprattutto) merito loro.

Claudia Pecoraro

NOTE SULL'AUTORE

CLAUDIA PECORARO – Poetessa

Da sempre affascinata dal modo in cui le parole prendono vita sul foglio bianco, Claudia trova nella poesia un canale per dar forma al suo mondo interiore; mondo fatto di gioia, malinconia, speranza e profondo desiderio di connessione.

Le sue ispirazioni sono molteplici.
Poesia e letteratura, naturalmente, ma anche musica (una delle sue più grandi passioni), psicologia, filosofia, spiritualità.

Ama il modo in cui si intrecciano musica e parole, e ciò si rispecchia nella sua scrittura, ampiamente influenzata dai testi delle canzoni dei suoi artisti preferiti.

Scorre il flusso di pensieri è la sua prima opera.